Freyer · Bohnet BODENSEE

BODENSEE
Europas lächelnde Seele

Bilder und Bildtexte: Ralf Freyer
Text: Thomas Bohnet

rosenheimer

Engen
Hohenhewen 846
Stockach
Ludwigshafen
Hegau
Hohenkrähen
Bodman
Sipplingen
Marienschlucht
Salem
Singen
Liggeringen
Langenrain
Überlingen
Hohentwiel
Radolfzell
Bodanrück
Wallhausen
Birnau
Dettingen
Dingelsdorf
Oberuhldingen
Unteruhldingen
Überlinger See
Schaffhausen
Moos
Allensbach
Litzelstetten
Mainau
Randegg
Zellersee
Gnadensee
Hegne
Hörì
Gailingen
Meersburg
Rhein
Reichenau
Wollmatingen
Gaienhofen
Hemmenhofen
Hagnau
Friedrichshafen
Stein am Rhein
Kattenhorn
Untersee
Konstanz
Tettnang
Rheinfall
Mammern
Steckborn
Berlingen
Arenenberg
Salenstein
Ermatingen
Gottlieben
Tägerwilen
Kreuzlingen
Wangen
Bodensee
Schussen
Weingarten
Ravensburg
Argen
Langenargen
Kressbronn
Nonnenhorn
Wasserburg
Uttwil
Thur
Weinfelden
Lindau
Frauenfeld
Romanshorn
Thurgau
Pfänder 1063
Arbon
Altenrhein
Rheinspitz
Rohrspitz
Fußacher Bucht
Hard
Gebhardsberg
Winterthur
Alter Rhein
Fußach
Bregenz
Rorschach
Wil
Höchst
Lustenau
Dornbirn
ZÜRICH
St. Gallen
Hohenems
10 km
Eisenbahn
Rhein
Feldkirch
SCH

Inhalt

Bodensee
Lächelnde Seele Europas 7

Meersburg, Pfahlbauten und die Birnau
Im touristischen Bermudadreieck 11

Mainau
Blumen-Eldorado 23

Die Insel Reichenau
Gemüseinsel und ehemaliger Klosterstaat 27

Fischen am Bodensee
Von Felchen und »Bodenseehaien« 36

Konstanz
Bodenseemetropole mit eigenem Charme 39

Der Hegau
Am Tor zum Bodensee 43

Höri
Das Künstleridyll 47

Stein am Rhein
Lebendiges Mittelalter 51

Am Schweizer Ufer des Untersees
Bei Louis Napoleon und Müller-Thurgau 55

Zwischen Kreuzlingen und Altenrhein
Das Schweizer Seeufer 61

Bregenz
Kulturmetropole im »Ländle« Vorarlberg 69

Lindau
Die Stadt im See 75

Langenargen und Wasserburg
Das Sonnenufer 81

Ausflug ins Oberschwäbische
Von Blutreitern und einem »Hexenhäusle« 85

Wo ist der Bodensee zu Hause? Nicht in der Schweiz, nicht in Deutschland, nicht in Österreich allein. Im Zusammenspiel von Fels und Wasser findet der Blick über Fahnen hinweg von Ufer zu Ufer Halt.

Bodensee

Lächelnde Seele Europas

Die lächelnde Seele Europas oder *das* lächelnde Seele Europas: der Bodensee hat viele Gesichter. Nicht nur im literarischen Sinne. Der größte deutsche Binnensee hat jahrhundertelang Künstler inspiriert und Reisende angelockt. Heiter-fröhliche Zeilen, die Land und Leute preisen, flossen aus den Federn von Eduard Mörike, Ludwig Uhland, Friedrich Hölderlin oder Hermann Hesse. Annette von Droste-Hülshoff, selbst jahrelang Bodensee-Anwohnerin auf der Meersburg, mischte ihrem Lob auch dunkle, melancholische Töne bei, und ein anderer berühmter »Seehase«, Martin Walser, läßt in seinem »Fliehenden Pferd« den See gar bedrohlich wirken. Gustav Schwab sorgte mit seinem »Ritt über den Bodensee« für eine frühe Horrorstory: der Reiter, der, ohne es zu wissen, über den zugefrorenen See reitet, fällt, am anderen Ufer angekommen, vor lauter Schreck tot vom Pferd, als man ihm sagt, er habe gerade den See überquert.

Der See und seine Gegensätze. Das milde Klima läßt den Frühling etwas früher kommen, den Herbst länger ausklingen. Im Winter dagegen ziehen nicht selten dichte Nebelschwaden über den See und durch die Städte. Konstanz, die größte Stadt am See, wirkt dann manchmal wochenlang, zwischen November und Februar, wie Klein-London, und man kann den Moment gar nicht mehr erwarten, bis endlich wieder Frühling ist. Der, in all seiner Pracht, entschädigt dann allerdings schnell für die Wochen und Monate in der Nebelbank.

Im Sommer zeigt sich der See ganz von seiner Sonnenseite, mediterran zuweilen. Für den Anwohner gibt es dann eigentlich keinen Grund, in südlichere Gefilde zu wechseln. Wobei in dieser Jahreszeit auch die bekannten Gewitter überfallartig auftauchen können. Sommerschwüle Gewitter, die den See aufwühlen und zu mächtigen Windstärken auflaufen. Der Föhn, diese Bodensee-Besonderheit am Rande der Alpen, sorgt einerseits für einen wunderbaren Fernblick: Von der deutschen Seite aus liegt dann ein prächtiges Alpenpanorama frei. Plastisch und nah sieht man von der Konstanzer Rheinbrücke oder dem Neuen Schloß in Meersburg aus die schneebedeckten Alpen auf der anderen Seeseite. In ihrem Zentrum der Säntis, die mächtigste Erhebung der Schweizer Bergkette. Die Kehrseite des warmen, trockenen Föhns aber ist seine Unverträglichkeit für viele Menschen. Nicht wenige klagen über Kopfschmerzen, Migräne.

Die vielen Gesichter des Bodensees zeigen sich auch in seiner Bedeutung für Einheimische und Fremde. Touristenmagnet und Urlaubsidyll einerseits, schützenswerte Naturlandschaft und Trinkwasserspeicher andererseits. Gegensätze, die es unter einen Hut zu bringen gilt. Der See versorgt dreieinhalb Millionen Menschen bis weit nach Stuttgart hinauf mit Trinkwasser, ist Naturschutzgebiet und lebendes Biotop. Bis in die siebziger Jahre war der Bodensee stark verschmutzt, und es gab sogar zeitweise striktes Badeverbot. Gemeinsames Handeln der drei Anrainerstaaten hat den See vor dem Umkippen bewahrt. Doch weisen besorgte Wissenschaftler nach wie vor auf die ungezügelte Schadstoffzufuhr in den See hin.

Naturschutz und Bewahrung stehen auf der einen Seite. Andererseits lebt die zwar früh besiedelte, jedoch spät industrialisierte Region vom Fremdenverkehr. Millionen in- und ausländischer Urlauber besuchen jedes Jahr die Insel Mainau, die Reichenau oder die »Zuckerstädtchen« Meersburg und Stein am Rhein. Lindau, Bregenz, Konstanz und Überlingen sind weitere Magneten.

Der Fremdenverkehr am größten deutschen See boomt ungebrochen. Obwohl Fernreisen immer beliebter werden,

Flüge in entlegene Weltregionen längst ihre Exklusivität verloren haben. Kein Wunder, sind die Deutschen doch Weltmeister in Sachen Tourismus, und ihre Nachbarn, die Schweizer und Österreicher, stehen ihnen da in nichts nach. So wird der Bodenseebesuch zum Zweit- oder Dritturlaub. Oder man fährt eben übers Wochenende dorthin. Ein Großteil der Besuche sind Kurzurlaube: Tagesausflüge und Wochenendtrips. Naturschützer weisen auf die ökologischen Folgen dieser Form des Tourismus hin, zumal auf die Umweltfolgen des Individualverkehrs: Rein ins Auto und ran an den Bodensee – und schon sind die Ufer von einer stinkenden Blechlawine umkränzt. Doch, wer will's den Menschen verdenken, wenn sie immer öfter aus ihren unwirtlicher werdenden städtischen Agglomerationen abhauen und ein Wochenende in einer noch einigermaßen intakten Landschaft wie der Bodenseeregion verbringen wollen?

Natürlich ist Wassersport am Bodensee großgeschrieben: Jede Wasserratte weiß, daß ein Bad in einem See halt doch was anderes ist, als im beheizten Freibad zu planschen. Das einst exklusive Windsurfen ist längst Breitensport geworden und wird immer beliebter. Dazu Segeln, das eigentlich immer »in« war. Und dann die Motorbootfahrer! Wer im Sommer bei Milchcafé oder Cappuccino auf dem »Rheinterrassen«-Café in Konstanz direkt am Wasser sitzt, der kann sie vorbeituckern sehen, die Freizeitkapitäne auf ihren hochseetauglichen Jachten. Rheinrauf, rheinrunter geht's da unter den drei Brücken der Konzilstadt hindurch.

Wobei dann nicht nur die Einheimischen die Köpfe schütteln. Motorbootfahren ist heute definitiv »out«, nicht mehr zeitgemäß. Wegen Umweltschädlichkeit. Doch wer sagt's den Kapitänen?

Den ersten größeren Bodenseetourismus machen gewitzte Historiker übrigens im 15. Jahrhundert fest, als Tausende kirchlicher Würdenträger und weltliche Herrscher mit ihrem Gefolge in Konstanz einzogen, vier Jahre lang beim Konstanzer Konzil (1414 bis 1418) einen neuen Papst wählten und, so nebenbei, abtrünnige Gläubige wie den tschechischen Reformator Jan Hus verbrannten.

Damals lag der See noch im Mittelpunkt des Weltgeschehens. Danach verschwand die Region vom Zentrum nach außen, an die Peripherie. Konstanz, Überlingen oder Lindau verloren ihre Hauptrollen auf der Geschichtsbühne und wurden verschlafene Provinzstädte. Von der einstigen Bedeutung zeugen Geschichtsbücher, erhaltene Stadtbilder, Kirchen und Bürgerbauten, Museen.

Heute liegt eine der Chancen der Region wieder in ihrer geographischen Lage: Als internationales Gewässer, an das die Länder Deutschland, Schweiz und Österreich grenzen. Die Grenzen im See wurden, bis auf Ausnahmen, nie richtig festgelegt. Historisch betrachtet ist die Region sowieso eng verflochten. Kosmopolitische Visonäre, denen ein Europa der Regionen vorschwebt, sehen in der Bodenseeregion einen Prototyp, der Vorbildcharakter für Europa haben könnte. Probleme am See, ob nun in Sachen Gewässer- oder Landschaftsschutz, Verkehr und anderes, können nur länderübergreifend, gemeinsam gelöst werden. Regelmäßige Konsultationen über die Grenzen hinweg im Rahmen der Internationalen Bodenseekonferenz und der ihr unterstellten Organe sind inzwischen im Gange.

Wobei auch hier am Bodensee der Provinzpatriotismus noch in vielen Köpfen herumspukt. Die Badener schimpfen über die Schwaben, und gemeinsam lästert man über die Schweizer. Umgekehrt gilt das auf den »Schwabenkrieg« Ende des 15. Jahrhunderts zurückgehende Schweizer Schimpfwort »Sauschwoba« für alle Deutschen. Was wiederum die Badener ganz besonders wurmt: Muß man sich nun auch noch als »Schwabe« beleidigen lassen! Auch zwischen Österreichern und Schweizern ist das Verhältnis nicht ungebrochen gut. Die dies- und jenseits der Grenze gehörten gegenseitigen Animositäten halten sich allerdings im großen und ganzen *in* und nicht *an* Grenzen und sind zuweilen auch heiterer Natur. Denn eigentlich wissen alle »Seehasen«, daß sie vom gleichen Schlag abstammen, daß die gemeinsame alemannische Herkunft die Unterschiede überwiegt. Wenngleich die Seebewohner manchmal schon auch »en bsundere Schlag« sind – was man spitzbübisch gerne selber betont.

Vorsintflutlich? Archäologisch nicht unumstritten, im romantischen Abendlicht ein Blickfang: die Pfahlbauten bei Unteruhldingen erzählen auf Stelzen vom ersten Menschen am Bodensee.

Das Alte Schloß Meersburg
(siehe auch folgende Doppelseite)

»Auf der Burg haus' ich am Berge,
unter mir der blaue See,
höre nächtlich Koboldzwerge,
täglich Adler in der Höh'.«
(Annette v. Droste-Hülshoff)

Meersburg, Pfahlbauten und die Birnau

Im touristischen Bermudadreieck

Ohne ins Morbide abzurutschen: Meersburg, das romantische kleine Städtchen am Hang, hat einen interessanten Friedhof. Gleich mehrere berühmte Persönlichkeiten liegen dort begraben: Annette von Droste-Hülshoff, die bedeutendste romantische Dichterin Deutschlands, der Germanist Joseph von Laßberg, die Kritikerin Harriet Straub, der Sprachphilosoph Fritz Mantern und Franz Anton Mesmer, ein legendärer Wunderheiler und Magier, 1734 im Höridorf Iznang geboren und 1815 in Meersburg gestorben. Zu Lebzeiten war der Entdecker des »tierischen Magnetismus« eine umstrittene Person, Scharlatan für die einen, Großmeister für die anderen. Seine Magnetotherapie wurde jedenfalls in der westlichen Welt viel und heiß diskutiert.

Ansonsten ist Meersburg natürlich ein Muß für alle Romantiker. Wobei man schon, zumindest in der Hochsaison, ein gehöriges Maß an Geduld mitbringen sollte. Denn wer die Einsamkeit sucht, ist hier, wie auf der Blumeninsel Mainau, völlig fehl am Platz. Rammelvoll sind die Straßen, und dichtgedrängt geht's durch die Gassen, die Burgweganlage hinauf, vorbei an der historischen Mühle, nach oben zum Alten Schloß, der ältesten bewohnten Burg Deutschlands. Hier lebte die Droste von 1841 bis zu ihrem Tod sieben Jahre später. Hier entstanden unter anderem »Am Bodensee«, »Der Säntis«, »Die Schenke am See« und »Am Turme«, Gedichte, in denen die Westfälin die enge Beziehung zu ihrer neuen Heimat zum Ausdruck bringt.

Zu ihrer Zeit konnte die Dichterin noch ungestört auf dem Balkon des Turmes stehen und den Sturm im »flatternden Haare« wühlen lassen. Heute ist's mit der Ruhe und Besinnlichkeit nicht mehr so weit her, wenn die Saison beginnt. Wo früher die ersten zurückkehrenden Zugvögel den Frühling ankündigten, tun das heute die Busse und Pkws der Besucher, die auf der Serpentinenstraße zu den Parkplätzen der Unterstadt schleichen. Wenn die Schiffe der Bodenseeflotte die Touristenmassen ausspuken oder die Fähre von Konstanz ihre Passagiere auslädt, dann heißt es: rein ins Getümmel. Wie ausgestorben liegt Meersburg dagegen im Spätherbst und im Winter da. Wenn sie alle weg sind, die Touristen, die Saisonarbeiter, kann man aber trotzdem die Weinberghänge emporsteigen und sich am Blick vom Neuen Schloß über den See er-

freuen. Dort, im Anfang des 18. Jahrhundert erbauten Barockschloß, residierten einst die Konstanzer Bischöfe. Wobei die Mauern des mächtigen Baus im Laufe der Jahrhunderte die verschiedensten Bewohner beherbergten. Das Schloß diente – nacheinander, versteht sich – als Amtsgefängnis, Mädchenpensionat, Taubstummenanstalt und Kaserne.

In Meersburg entdecken wir auch ein kleines Weinbaumuseum. Kein Wunder allerdings, liegt hier doch an den Hängen von Meersburg und dem benachbarten Hagnau das Hauptzentrum des Weinanbaus am Bodensee. Im Gegensatz zum Rebensaft anderer Seeregionen hat der Meersburger Wein einen guten Ruf. Eine amüsante Sage, aufgeschrieben vom »Weinpfarrer« Heinrich Hansjakob, erklärt uns die Hintergründe: Als Jesus und Petrus zur Römerzeit unerkannt an den See kamen, wurden sie überall abgewiesen. Nur in Meersburg gab man den Reisenden freundlich Unterkunft. Als Dank schenkte Jesus den Meersburgern Hänge voller Weinstöcke mit köstlichem, süßem Wein. Als nun die Nachbargemeinden erfuhren, wen sie da abgewiesen hatten, bereuten sie ihre Ungastlichkeit, baten um Verzeihung und wollten auch Weinberge haben. Also schenkte ihnen Jesus ebenfalls Weinstöcke. Petrus, ob soviel Nachsicht verwundert, fragte, warum er denn ausgerechnet diesen Grobianen auch Rebensaft schenken wolle. Da beruhigte Jesus seinen Begleiter: »Weinberge sollen sie auch haben. Der Wein wird aber so sauer sein, daß sie gestraft genug sind durchs Trinken.« Nun mögen wohl damals die Geschmäcker anders gewesen sein. Denn »sauer« sollte ein Wein ja nicht gerade sein, aber »süß«? Sei's drum. Jener Hansjakob, Pfarrer und Schriftsteller, der diese Legende weitererzählt hat, gründete übrigens 1881 die erste badische Winzergenossenschaft: in Hagnau. Heute gehört zum Beispiel der wegen seiner Fruchtigkeit geschätzte Hagnauer Spätburgunder zu den Spezialitäten der Gegend. Nach wie vor beliebt ist auch der Müller-Thurgau vom See. Diese Rebsorte nimmt derzeit etwa die Hälfte der Anbaufläche ein. Erstmals gezüchtet hat die Rebe, eine Kreuzung aus Riesling und Silvaner, übrigens auch ein Seeanwohner: Professor Hermann Müller (daher der Name!) aus dem thurgauischen Tägerwilen.

Westlich von Meersburg liegen andere touristische Attraktionen des Bodensees, die Pfahlbauten von Unteruhldingen und die Barockkirche Birnau. Während die ersteren Einblick geben in die Steinzeitvergangenheit unserer äxteschwingenden Vorfahren, legt die Birnau Zeugnis ab von Prunk und Pracht der Kirche.

Dem geschickten Schachzug eines früheren Gemeindeoberhaupts hat Uhldingen seine Pfahlbausiedlung zu verdanken: In den zwanziger Jahren ließ der damalige Bürgermeister Sulger die Rekonstruktion im Wasser errichten, um den Fremdenverkehrsort aufzuwerten. Historisch nicht ganz astrein ist übrigens der Fakt, daß die Häuser direkt im Wasser stehen. Einschlägige Forschungen haben inzwischen ergeben, daß unsere Vorfahren zwar am, nicht aber im Wasser gelebt haben, wie uns dies die Pfahlbauten weismachen wollen. Da aber im Uferbereich der Grund morastig war, hat man die Hütten auf Stelzen gestellt.

Einige Kilometer westlich des Uhldinger Freilichtmuseums erwartet uns die an der Oberschwäbischen Barockstraße liegende Wallfahrtskirche Birnau. Nach dem Ende des grausamen Dreißigjährigen Krieges (1618-48) ließen weltliche und geistliche Herrscher Residenzen und Kirchen wieder aufbauen und mit einem bis dahin nicht gekannten Prunk versehen. In der Bodenseeregion waren damals häufig Baumeister aus dem Bregenzer Wald tätig. Deckenfresken, Heiligenstatuen und Engelsfiguren schmücken das Innere der Birnau: Detailversessene Kunst für die einen, blanker Kitsch für die anderen. Am bekanntesten, und als Kartenmotiv beliebt, ist eine der barocken Engelsfiguren, der sogenannte »Honigschlecker«. Heute ist die Birnau übrigens eine Außenstelle des Klosters Mehrerau in Bregenz.

Prächtigen Barock finden wir auch im Hinterland der Birnau, wenn wir auf dem »Prälatenweg« zum Kloster Salem kommen. Nach den beiden Klöstern Reichenau und St. Gallen war die Zisterzienserabtei das wichtigste Kloster am Bodensee. Salem steht heute übrigens auch für eines der bekanntesten Internate Deutschlands, die vor 75 Jahren von Prinz Max von Baden und Kurt Hahn gegründete Eliteschule. Zahlreiche Prominente durchliefen sie. Darunter der erste Präsident der Bundesrepublik, Theodor

Sehnsüchtige Weite. Fernwehträume? Palmen bei Meersburg.

Folgende Doppelseite: »... immer zahllos steigen Ruinen, Schlösser, Städte an den Strand ...« (Annette v. Droste-Hülshoff, aus: Schloß Berg). Hier in Meersburg das Neue Schloß.

*Kloster Birnau – nur Touristenhaltestelle auf der Oberschwäbischen Barockstraße?
Vier Zisterziensermönche vom Mutterkloster Mehrerau bemühen sich dennoch um Spiritualität.*

Heuss, außerdem Prinz Philip, Gatte der englischen Königin Elizabeth II.
Aus einer kleinen Fischer- und Bauernsiedlung entstand 1180 die Stadt Überlingen. Im 14. und 15. Jahrhundert wuchs der Ort zu einem wohlhabenden Handelszentrum am See heran. Getreide, Salz und Wein waren damals die wichtigsten Handelsgüter, die auf Lastschiffen, den großen Lädinen oder kleinen Segmern, über den Bodensee geschifft wurden. Vom Glanz vergangener Tage kündet heute noch das Bild der gut erhaltenen und sorgfältig restaurierten Altstadt. Weniger bekannt ist, daß Überlingen in den zwanziger Jahren unseres Jahrhunderts ein reges Künstlerleben barg. Friedrich Georg Jünger, der bedeutendste Dichter der Stadt, lebte dort, und der Schriftsteller Robert Binswanger, der Dichter Bruno Goetz oder der Dramatiker Werner Guggenheim. »Hungerhügel« nannten die Einheimischen übrigens damals die Gegend, in der sich die meisten der Künstler niedergelassen hatten.
Überlingen ist auch eines der »närrischen Zentren« am Bodensee. Wenn am Martinstag die schwäbisch-alemannische Fasnet ausbricht, dann »goht's au z'Ibberlinge degege« (wörtlich übersetzt: »geht es auch in Überlingen dagegen«), will heißen: jetzt beginnt die »fünfte Jahreszeit«. Die »Mäschgerle«, die kostümierten Narren, dominieren, es gibt Fasnachtssitzungen und -bälle, und die Straße gehört den »Hänsele« und Karbatschenschnellern, den Peitschenknallern. Für Nordlichter: In der schwäbisch-alemannischen Fasnacht ist, im Gegensatz zum rheinischen Karneval, der Fasnachtsdonnerstag, der »Schmotzige Duunschtig«, der wichtigste Fasnachtstag, nicht der Rosenmontag. Bis Aschermittwoch halten in den närrischen Tagen, in Überlingen wie auch auf der anderen Seeseite in Konstanz, die Narren das Zepter in der Hand.
Wildromantisch zeigt sich die Landschaft auf der Westseite des Überlinger Sees. Dort, am bewaldeten Steilufer am Bodanrück, finden wir eine der schönsten Naturattraktionen der Gegend: die Marienschlucht. In den Sommermonaten gelangt man mit dem Schiff von Überlingen oder Sipplingen dorthin, oder man spaziert zu Fuß von Bodman oder Wallhausen aus am Ufer entlang zum Eingang der Schlucht. Die dritte Möglichkeit: Man fährt mit dem Auto bis zur Ortschaft Langenrain. Von dort sind es nur einige Minuten bis zum Parkplatz im Wald. An der Burgruine Kargegg vorbei steigt man auf schmalem Pfad und teilweise recht steil über zurechtgezimmerte Holztreppen die Schlucht hinunter. Zwischen mächtigen, moosbewucherten Felsen geht es abwärts. Der in den Fels gehauene Pfad wird immer enger, bis man ans Ufer kommt. Die Schlucht ist erstaunlich tief, und von unten sieht der Berghang beeindruckend hoch aus. Düster-romantisch wirkt das Ganze im späten Herbst, wenn einem nicht allzuviele andere Wanderer begegnen. Dazu paßt dann auch die dunkle Sage, die sich um Burg Kargegg rankt: eine mittelalterliche Love story ohne Happy end. Damals wartete des Nachts ein Burgfräulein auf Burg Kargegg auf den Ritter, der vom anderen Ufer, der Burghalde bei Sipplingen, zu amourösen Abenteuern angeschwommen kam. Daß die Luft rein sei, signalisierte ein Licht im Burgfester der Kargegg. Eines Nachts brach der Galan wieder auf, als plötzlich mitten auf dem See ein Sturm aufkam. Der Wind löschte das Licht, und so verlor der Schwimmer die Orientierung und ertrank in den Fluten …
Keine Sage, sondern Realität sind die starken Strudel rund um den sogenannten »Teufelstisch« etwas östlich der Marienschlucht. An der knapp unter der Oberfläche stehenden, tischartigen Felsplatte hat es schon manchen Taucher erwischt, weshalb das Tauchen an dieser Stelle des Sees auch strikt verboten ist. Landeinwärts von der Marienschlucht aus befindet man sich mitten auf dem Bodanrück. So heißt die hügelige Halbinsel, die sich zwischen den Überlinger See und den Untersee schiebt. Landschaftlich reizvoll liegen hier die Ortschaften Dettingen, Wallhausen, Dingelsdorf oder Liggeringen im Grünen. Hier empfiehlt es sich auch, Obst direkt vom Erzeuger, ab Bauernhof zu kaufen. Je nach Jahreszeit bekommt man hier schmackhafte Bodenseeäpfel, saftige Erdbeeren oder den Most, den Apfelwein. Vom Konstanzer Vorort Litzelstetten aus hat der Wanderer einen phantastischen Blick auf den See und die unter ihm liegende Mainau. Der noch etwas höher gelegene Litzelstetter Hügel, der »Purren«, gewährt einen der reizvollsten Ausblicke auf den Bodensee und seine Landschaft.

Barockjuwel Birnau: Ausdruck religiöser Gefühle und Abglanz des Reichtums der Salemer Reichsäbte

Verspielter Barock. Auf der Orgel turteln Putten, und der »Honigschlecker« nascht vom Land, wo Milch und Honig fließen.

Verlockende Leuchtreklame des Bodensee-Tourismus: Blumeninsel Mainau mit Schloß

Mainau

Blumen-Eldorado

»So viel wärmer wie bei ons isch's do aber au net«, sagt der kleine Knirps aus dem Nordschwarzwald. Die vorwitzige Bemerkung des Schülers, der mit seiner Klasse auf der Mainau gelandet ist und staunend vor Palmen und ähnlich exotischem Gewächs steht, bringt das Problem auf den Punkt. Hartnäckig hält sich die Legende, am Bodensee sei das Klima so mild, daß hier die seltsamsten Pflanzen wachsen können. Nun gut, am See ist es tatsächlich einige Grad wärmer als im übrigen Deutschland. Aber so warm, daß Palmen, Bananenstauden und Orangenbäume hier, ohne Schutz, gedeihen könnten? – Das ist ein moderner Mythos. Dem sommerlichen Besucher bietet sich zwar eine unglaubliche Blütenpracht, doch das Paradies ist, zumindest teilweise, ein künstliches. Die schwierigen Pflanzen verbringen den auch hier recht kalten Winter jedenfalls im Gewächshaus.

Mythos hin oder her – der Pflanzenfreund hat seinen Spaß auf der »Blumeninsel Mainau«. Jahr für Jahr zieht die 45 Hektar große Insel im Überlinger See, geographisch dem Konstanzer Vorort Litzelstetten zugeordnet, über 2 Millionen Touristen an. Busweise reisen die Blumenfreunde an, mit dem eigenen Auto oder mit einem Schiff der »Weißen Flotte«. In der Hochsaison drängen sich Reisegruppen, Schulklassen oder Individualreisende zwischen den Blumenrabatten, erfreuen sich am Blütenmeer, je nach Jahreszeit Tulpen, Narzissen oder Rosen, oder sie besuchen die bekannte Orchideenschau im Gewächshaus. Vorbei an mehr als hundert Jahre alten Zedern und Sequoien, kalifornischen Mammutbäumen, läßt es sich auf der Insel munter lustwandeln, wenn man nicht gerade die Einsamkeit sucht. Für Kinder gibt es einen Streichelzoo und Fabeltiere aus Drahtgeflecht und Torf, die, mit Pflanzen zugewachsen, lustig aussehen. Daneben bemüht sich die Mainauverwaltung, Besucher auch außerhalb der Saison auf die Insel zu locken, etwa mit Klassik-Konzerten oder ambitionierten Ausstellungen.

Gebieter über Blumen und Bäume ist Graf Lennart Bernadotte. Ein Sproß des schwedischen Königshauses, der in den Jahren nach 1932 den Park zur bedeutendsten Touristenattraktion am Bodensee ausgebaut hat und seither die Geschicke der Mainau lenkt. Der 86jährige, rüstige Graf, der sich selbst einmal ob der neun Kinder aus zwei Ehen scherzhaft »Spermadotte« genannt hat, übernahm den Park von seiner Großmutter, der Erzherzogin Luise. Deren Gatte wiederum, Großherzog Friedrich I. von Baden, hatte den Mainaupark im letzten Jahrhundert angelegt. Historisch bedeutsam sind Schloß und Kloster auf der Insel, die einst im Besitz des Klosters Reichenau war und später an den Deutschen Ritterorden ging. Berühmt ist das sogenannte »Schwedenkreuz«, das rechts aus dem Wasser ragt, wenn man zu Fuß über die Brücke zur Insel hinübergeht. Die bronzene Kreuzigungsgruppe aus dem Jahr 1577 wurde von den Schweden während des Dreißigjährigen Krieges aus dem Kloster entfernt. Der Soldateska war jedoch die Kriegsbeute zu schwer, weshalb man das massive Kreuz zurückließ.

Köpfe, nichts als Köpfe: Blumen, Menschen. Arme, die sich umschlingen, Stengel, die sich lächelnd zunicken.
Die Mainau verneigt sich blumenbunt vor dem Besucher.

Überlingen. Frühlingserwachen.

Die Insel Reichenau

Gemüseinsel und ehemaliger Klosterstaat

Schnurgerade zieht sich die Bundesstraße 33 hinter dem Konstanzer Gewerbegebiet Richtung Hegne dahin, eine beliebte Rennstrecke, wie die zahlreichen Unfälle belegen. Auf der Höhe des Konstanzer Vorortes Wollmatingen zweigt eine Straße links ab in Richtung Reichenau. Umsäumt von Pappeln, führt der Damm durchs Schilf des Wollmatinger Rieds direkt auf die Insel Reichenau, die größte der drei Bodenseeinseln. Heute ist das Eiland vor allem als Gemüseinsel bekannt. Gewächshaus steht an Gewächshaus, Beet an Beet. Im intensiven Anbau wird hier auf einem Gebiet, das mehr als die Hälfte der Gesamtfläche ausmacht, mehrmals im Jahr geerntet. Kopfsalat und Tomaten, Gurken, Radieschen, Spinat und Rettich wachsen hier. Und das Reichenauer Gemüse findet nicht nur in der Region seine Abnehmer, sondern macht weite Wege hin zum Konsumenten.

Am »Gnadensee« vor dem Nordufer der Insel befindet sich eine große Fischbrutanstalt. Dort werden jedes Jahr Millionen von Fischeiern ausgebrütet und die Jungfische später in den See gesetzt.

Von der einst immensen kulturellen Bedeutung der Insel zeugen die noch erhaltenen Klosteranlagen in den drei Teilorten Oberzell, Mittelzell und Niederzell. Dort stehen die Basilika St. Georg, das Münster und die Kirche St. Peter und Paul. Heute nur mehr Ziele bildungshungriger Touristen, war das Kloster Reichenau in seiner Blütezeit, zwischen dem 9. und 11. Jahrhundert, eines der Zentren abendländischer Kultur und Politik.

Nicht immer konnte man übrigens trockenen Fußes auf die Insel gelangen. Der Damm mit seiner Pappelallee wurde erst 1838 aufgeschüttet. Vorher gab es lediglich eine Furt, die man nur bei niedrigem Wasserstand passieren konnte.

Anfang des 8. Jahrhunderts ließ sich der Klostergründer, Bischof Pirmin, noch mit einem Schiff auf die damals unwirtliche Insel übersetzen. Es hauste dort, so will es die Sage, lediglich »giftiges Gewürm«: Schlangen und Kröten. Als der Gottesmann jedoch seinen Fuß auf die Erde der Reichenau setzte, floh das Getier und stürzte sich, im kollektiven Selbstmord sozusagen, in die Fluten. Dort, wo der spätere Klostergründer seinen Bischofsstab in die Erde schlug, sprudelte gar eine Heilquelle.

Erhalten hatte der heilige Pirmin die Insel aus den Besitzungen der fränkischen Kurpfalz Bodman. Deren Herrscher, Karl Martell, beauftragte seinen Freund und Berater mit der Klostergründung. Pirmin wird später erster Abt auf der Reichenau. Mit allen Vollmachten versehen, entwickelt sich das Kloster Reichenau schnell zu einem autonomen Staat im Staate. Karl der Große, der Enkel Karl Martells, stattet die Reichenau, ebenso wie das andere, etwas später zu Bedeutung gelangende Bodenseekloster St. Gallen, mit wesentlichen Privilegien aus. Der Aufstieg zum einflußreichen kulturellen Zentrum des Abendlandes beginnt unter Abt Waldo, der das »goldene Zeitalter« der Reichenau einläutet. Waldo gründet eine Gelehrtenschule und die Bibliothek, ist unter anderem Erzieher von Karls Sohn Pippin dem Kurzen und mischt auch sonst, wie die späteren Äbte der Reichenau, in der Politik kräftig mit.

Die Reichenau wird zur »Schule der Nation«, zur Kaderschmiede der Karolinger. Denn Karl mit seinem Riesenreich benötigt gut ausgebildete, schreib- und lesekundige Gelehrte, um die ausgedehnten Besitzungen verwalten lassen zu können. Schon im 9. Jahrhundert verfügt die Reichenau mit 400 Büchern über die umfangreichste Bibliothek des Abendlandes. Eine immense Sammlung, bedenkt man, daß die Bücher damals noch aufwendig von Hand geschrieben und vervielfältigt werden mußten. Ganz anders als in St. Gallen, wo eine fantastische Klosterbibliothek besichtigt werden kann, sind die Bücher der Reichenau jedoch heute in alle Welt verstreut.

Mit Walahfrid Strabo wuchs auf der Reichenau einer der bedeutendsten Dichter des Mittelalters heran. Der spätere Abt des Klosters gilt als erster weltlicher Dichter der christlichen Welt. Hermann der Lahme, ein anderer Gelehrter, machte sich im 11. Jahrhundert als vielseitiger Wissenschaftler, Musiker und Dichter einen Namen.

In den späteren Jahrhunderten verarmte das Kloster zusehends und erlangte nur noch einmal, im 15. Jahrhundert, eine Zeitlang nennenswerten Einfluß. Danach wurde es dem Bischof von Konstanz unterstellt, Mitte des 18. Jahrhunderts aufgelöst.

Von der kunsthistorischen Bedeutung des Klosters zeugen heute zum Beispiel die ottonischen Wandmalereien aus dem 10. Jahrhundert in der Stiftskirche St. Georg oder das restaurierte Münster mit seinen bemalten Glasfenstern, zahlreichen Plastiken und Altären. Wertvolle Wandgemälde hat man erst im Jahr 1900 in der Kirche St. Peter und Paul entdeckt.

Der alten Klostertradition verpflichtet sind die Kirchenfeste der Reichenau. Allen voran das jedes Jahr mit einer Prozession begangene »Blutfest«.

Auf die klösterliche Zeit zurück geht auch die Namensgebung für den »Gnadensee«. Damals war auf der »Insel der Seligen« das Waffentragen verboten. Zum Tode verurteilte Delinquenten wurden auf dem Festland, im gegenüberliegenden Allensbach, hingerichtet. Bei weniger schweren Verbrechen stand es dem jeweiligen Abt frei, den Verurteilten zu begnadigen. Das Armesünderglöcklein läutete dann, und der Verurteilte wurde am anderen Ufer freigelassen.

In Allensbach, wo früher der Henker das Beil schwang, urteilen heute Meinungsforscher über Wohl und Wehe der Parteien, oder sie machen ihre soziologischen Marktanalysen. Dort sitzt seit 1947 Elisabeth Noelle-Neumanns »Institut für Demoskopie«, das wohl bekannteste Meinungsforschungsunternehmen Deutschlands. Im Hinterland von Allensbach erstreckt sich ein 75 Hektar großer Wild- und Freizeitpark, in dessen Freigehegen Wisente grasen, Damwild durch die Gegend streift und andere Tiere, die einst in Mitteleuropa beheimatet waren, zu sehen sind: Bären, Wölfe und Luchse.

Von Allensbach aus in Richtung Konstanz kommt man am Wollmatinger Ried vorbei, dem größten Naturschutzgebiet am Bodensee mit einer überwältigenden Flora und Fauna. Rund 230 teilweise sehr selten gewordene Vogelarten leben in der Sumpf- und Schilflandschaft. Internationale Bedeutung hat das Ried, weil hier viele Zugvögel aus dem Norden Europas überwintern. Die Kolbenente ist hier ebenso zu finden, wie es Uferschnepfen sind, Graureiher oder Säbelschnäbler und Eisvögel. Aus Naturschutzgründen ist das Wollmatinger Ried nicht frei zugänglich, jedoch werden regelmäßig Exkursionen durch die Moorlandschaft angeboten.

Auf der anderen Seite des Bodanrücks liegt das kleine Dorf Bodman, während der großen Zeit des Klosters Reichenau eine wichtige Kurpfalz der Franken. Konflikte zwischen weltlicher und geistlicher Macht manifestierten sich hier im Wettstreit zwischen Bodman und dem Kloster St. Gallen. Von der Kaiserpfalz Bodman aus sollte Alemannien überwacht werden, das die Franken in ihr Reich eingegliedert hatten. Bodman ist wohl auch Namensgeber für den Bodensee, auch wenn sich da die Historiker nicht ganz einig sind.

Nachdem die Römer den See Lacus Brigantinus getauft hatten, kam später – eine St. Galler Urkunde aus dem 9. Jahrhundert soll das belegen – der Name »Lacus Bodamicus« (von Bodoman) auf. Der oben schon erwähnte Reichenauer Schriftsteller und Abt Walahfrid fand allerdings eine andere, weniger prosaische Deutung: »Bodamicus« beruhe auf dem Wort »Podamicus«, komme also vom griechischen »Potamos«, dem Fluß, her. Nach dieser Lesart würde der Name Bodensee auf den Rhein hinweisen, den Fluß, der die beiden Klöster Reichenau und St. Gallen miteinander verbindet. Namen waren offensichtlich schon damals nicht »Schall und Rauch«, wie uns der Volksmund weismachen will, sondern bedeuteten Herrschaftsanspruch. Auch in Worten, in Namen und

Von historischer Größe ist nichts geblieben. Einst stand hier in der Kaiserpfalz Bodman das »Wochenendhäuschen« mittelalterlicher Kaiser.

Moosbehandschuhte Einöde mit Ausflugsdampferhaltestelle: die Marienschlucht. Einsam, eng und karg nur im touristenarmen Winter.

Dunkle Untiefen, helle Sandbänke, Herbstlaub. Vor dem Hochufer des Bodanrücks bittet der Teufel zu Tisch, an einem geheimnisvollen Felsplateau, halb im Wasser verborgen.

Romanische Reichenau – asketische Strenge zum Lob des Herrn: Ackerfurchen zähmten die Wildnis, Gebet den Geist.

Innenraum der Stiftskirche St. Georg auf der Reichenau

Definitionen zeigt und manifestiert sich Macht. International, vor allem in den romanischsprachigen Ländern, wird der See meist »Konstanzer See« genannt. Wobei diese Bezeichnung aus der Zeit herrührt, als Konstanz Schauplatz der größten mittelalterlichen Kirchenversammlung, des Konzils von 1414 bis 1418, war. Vier Jahre lang war die heute noch größte Stadt am See das Zentrum Mitteleuropas. Drum heißt's »Lake of Constanze« in Englisch, »Lac du Constance« auf französisch oder »Konstanz Gölü« auf türkisch.

»Versunken steht die lange Reih'
Der Pappeln.
Als ob das Leben ewig sei.

Auf ihrem Damm. Sie schau'n sich an
Im stillen See.
Im stillen See die Pappeln.«

(Emanuel v. Bodman: Die Reichenau)

Pappeln wie Pinselstriche in Nebelschwaden: Eine geisterhafte Allee wandert über den See zur Insel Reichenau.

Fischen am Bodensee

Von Felchen und »Bodenseehaien«

»Das ist eigentlich ein guter Fang für diese Jahreszeit.« Der Fischer, der uns an diesem nebligen Novembertag im Konstanzer Gondelhafen an Bord seines kleinen blauen Bootes genommen hat, zeigt uns seine Ausbeute: zehn Kilo Edelfisch und zehn Kilo Weißfisch in zwei Körben. Blaufelchen, Kretzer und Saibling, die schmackhaften Edelfische, im einen, Brachsen, Rotaugen und andere Weißfische im anderen. Letztere »eine Mark das Kilo«, so der Fischer. Fast wertlos also.

Hans Leib ist einer der rund 150 Berufsfischer am Bodensee. »Ich mußte ja mit fünfzig noch den Meister machen«, erzählt der ehemalige städtische Angestellte schmunzelnd. Er hat seinen Job als Abteilungsleiter bei der Stadt mit dem Beruf des Fischers getauscht. Die häufig romantischen Vorstellungen von diesem Beruf haben im übrigen wenig mit der Wirklichkeit zu tun. Dennoch, wenn der massige Konstanzer von seiner Arbeit erzählt, hat man den Eindruck, da habe sich einer mit Leib und Seele dem Fischen verschrieben. Man könne schon davon leben, sagt der 54jährige. Allerdings sei das nicht einfach. Die Arbeit ist sehr personalintensiv. Hans Leib verarbeitet die Fische von Hand und mit Hilfe einiger Spezialmaschinen weiter: ausnehmen, filetieren oder gegebenenfalls räuchern. »Mit echtem Buchenholz«, betont der Fischer. Der Eßtest beweist es: lecker! Die geräucherten Felchen zählen ebenso zu den Spezialitäten des Bodensees wie der Räucheraal. Bekannt in den Restaurants rund um den See sind ferner die Kretzerfilets. Die »Brotfische« der Fischer sind allerdings die Felchen. In einem normalen Fangjahr werden 800 Tonnen Felchen aus dem See gezogen. Der »Hai des Bodensees«, der Hecht, und der Zander sowie die seltener gewordenen Seeforellen sind weitere von den Fischern geschätzte Fische. Aale fängt man mit Reusen zwischen Mitte Mai und Mitte Oktober.

Probleme haben die Fischer mit den Kormoranen, die sich auf die Fische in den Netzen stürzen. Ansonsten lebt man aber mit den fliegenden Gesellen ganz friedlich am See. Der Fischreiher, der ansonsten zum Boot kommt und »den Fisch fast aus der Hand frißt«, läßt sich heute früh allerdings nicht blicken. »Vielleicht sind ihm drei Menschen auf dem Boot doch zuviel«, sagt Hans Leib und fährt uns ans Ufer zurück.

Alles im Netz? Mit der richtigen Masche fängt der Bodenseefischer Felchen, Zander, Aal und Hecht.

Konstanz, Seestraße.
Morgenlicht promeniert zwischen Ahornbäumen.

Konstanz

Bodenseemetropole mit eigenem Charme

»Das sieht hier gar nicht aus wie eine typische deutsche Stadt«. Der das sagt, ist Brasilianer, Musiker, der während seiner Deutschlandtournee auch Konstanz besucht. In der Tat, wenn sich die Stadt von ihrer Schokoladenseite zeigt, im Frühling und Sommer, kann man dies von vielen auswärtigen Besuchern hören. Wenn Einheimische und Touristen die Fußgängerzonen und Plätze belagern, in den Straßencafés der Marktstätte hocken, versprüht die mit 75 000 Einwohnern größte Stadt am See fast mediterranes Flair. Das milde Seeklima und die Nähe zur Schweiz und Italien verstärken diesen Eindruck. Die intendierte Lässigkeit drückt sich auch im Leben der Stadt aus. Was seine Vor- und Nachteile haben mag. »Manch einer ermüdet hier in der Milde des Klimas«, meinte einmal einer. Will sagen, der Schritt vom netten Idyll zur Verschlafenheit ist nicht weit. Aber es läßt sich halt auch zu gut leben in »Deutschlands letztem Zipfele«.

Das liberale Klima in Konstanz hängt unter anderem mit den mehr als 13 000 Studenten zusammen, die an der Fachhochschule und der jungen, erst 1966 gegründeten Universität eingeschrieben sind. Sie prägen und bestimmen das kulturelle und politische Leben inzwischen mit. Neben den traditionellen Weinstuben finden sich etliche studentische Kneipen und Lokale. Das traditionelle Kulturangebot von Stadttheater, Bodensee-Sinfonieorchester und Museen ergänzen Einrichtungen wie die beiden alternativen Kulturzentren »K 9« und »Kulturladen« sowie private Initiativen. Weinfest, Suserfest, das gemeinsam mit der Schweizer Nachbarstadt Kreuzlingen veranstaltete »Seenachtsfest«, das Open-Air-Festival »Rock am See« im Bodenseestadion, neuerdings das mehrwöchige Konstanzer Zeltfestival und – natürlich – die bekannte Straßenfasnacht weisen auf eine feierfreudige Bevölkerung hin. Zumindest zu festgelegten Zeiten. Denn mit dem Nachtleben der »Bodenseemetropole« ist es in Konstanz leider nicht so weit her. Die rigiden Sperrzeitregelungen werden nicht nur von der Jugend beklagt.

Einst war Konstanz wirklich eine Weltstadt, erlangte im 13. Jahrhundert wirtschaftlich und politisch großes Gewicht. Im frühen 15. Jahrhundert beherbergte sie gar das einzige Konzil auf deutschem Boden. Danach rutschte man in die Bedeutungslosigkeit einer österreichischen, seit 1805 badischen Kleinstadt ab. Was die Konstanzer gar nicht so gerne mögen. Denn einen gewissen Stolz kann man den Einheimischen nicht absprechen. Nicht nur in der lokalen Tageszeitung werden mit Vorliebe die großen Worte »Konzilstadt«, »Bodenseemetropole« und »Universitätsstadt« benutzt.

Bauernschläue bewiesen die Konstanzer im Zweiten Weltkrieg. Als damals die alliierten Bombergeschwader über den Bodensee flogen, hat man einfach wie in der neutralen Nachbarstadt Kreuzlingen nachts – entgegen dem Verdunklungsgebot im Rest Deutschlands – die Lichter angelassen. So konnten die Flieger nicht mehr unterscheiden, ob sie nun noch auf neutralem oder schon feindlichem Gebiet waren. Konstanz blieb von Zerstörungen verschont. Was die Bomben allerdings nicht geschafft hatten, erledigten eifrige Baumeister in den sechziger Jahren und später. Der eine oder andere Betonklotz stört dann auch im Stadtbild, obwohl sich die linksrheinische Altstadt mit prächtigen Bürgerhäusern und der verwinkelten »Niederburg«, dem ältesten Stadtteil, immer noch äußerst ansehnlich zeigt.

Lust auf Macht am See: die Edelhure Imperia des Künstlers Peter Lenk erinnert uns ans Konstanzer Konzil 1414 – 1418, als angeblich über 700 Huren den rund 30 000 geistlichen und weltlichen Teilnehmern und Gästen zu Diensten waren.

Vorhergehende Doppelseite: Imperiale Geste gegen den See? Gründerzeitfassaden an der Seestraße in Konstanz.

Der Hegau

Am Tor zum Bodensee

Westlich des Bodensees, zwischen dem See, dem Hochrhein im Süden und der Schwäbischen Alb im Norden, liegt der Hegau. Eine vulkanische Landschaft mit den Siedlungsschwerpunkten Engen und Singen. Markant ragen einige Erhebungen, erloschene Vulkankegel hervor, früh schon als »Herrgotts Kegelspiel« bezeichnet: der Hohenhewen bei Engen etwa, der Hohentwiel bei Singen und, besonders auffällig, der Hohenkrähen. Letzterer war seiner Lage wegen im Mittelalter Stützpunkt und Standort von Raubrittern und Wegelagerern. Hier geht auch, so will es die Sage, der »Poppele« um, eine Art alemannischer Rübezahl.

Der Singener Hohentwiel ist vor allem seiner Burgruine wegen bekannt, der größten Deutschlands. Joseph Viktor von Scheffels Roman »Ekkehard« machte den Hohentwiel im 19. Jahrhundert in ganz Deutschland bekannt.

Im 16. Jahrhundert kaufte Herzog Ulrich von Schwaben die Burg mitsamt den dazugehörigen Weinbergen. Einfallsreich wurde damals das Stein-Transportproblem gelöst: Fremde, die auf die Burg kamen, mußten jeweils einen Stein mitbringen, mit dem die Befestigungen weiter ausgebaut wurden. Als Dank gab's für diese Gabe drei Schoppen Wein zu trinken. Im Jahre 1800 wurde, auf Befehl Napoleons, die Festung geschleift.

Heute findet auf dem Hohentwiel einmal im Jahr, open air, ein traditionelles Jazzfestival statt. Ein der Atmosphäre und des Ambientes in der Burgruine wegen vielbesuchtes Spektakel.

Zu Füßen des Hohentwiel liegt Singen, eine Industrie- und Arbeiterstadt. Hier finden sich Firmen der metallverarbeitenden Industrie, dazu der weltbekannte Suppen- und Gewürzkonzern Maggi. »Die Stadt und ihre Würze« heißt ein Buch des Konstanzer Historikers Ernst Köhler, das die miteinander verwobene Geschichte der Stadt und des Unternehmens nachzeichnet. Singen ist wichtiger Verkehrsknotenpunkt und Einkaufsstadt. Für überregionale Schlagzeilen sorgt zeitweise der lokale Fußballverein FC Singen 04, ein süddeutscher Traditionsklub, dessen Geschicke in der weiteren Region mit großem Interesse verfolgt werden.

Mit der Bahn westwärts erreicht man die alte Stadt Radolfzell, das »Tor zum Bodensee«. Wer etwa mit dem »Seehas«, der 1994 eingeweihten deutsch-schweizerischen Nahverkehrsbahn zwischen Engen und dem schweizerischen Weinfelden, aus Singen kommend im Radolfzeller Bahnhof einläuft, der blickt auf den Zellersee, einen Teil des Untersees. Nicht weit vom Bahnhof schiebt sich die Halbinsel Mettnau in den See hinein. Deren Spitze bildet ein kleines Naturschutzgebiet, ein Wasservogelparadies. Radolfzell hat einen gut erhaltenen Stadtkern mit sehenswerten Gebäuden wie der alten Stadtapotheke mit ihren prächtigen Erkern, dem Münster oder dem Österreichischen Schlößchen. Bekannt ist Radolfzell für das Hausherrenfest am dritten Julisonntag, mit dem die drei »Hausherren«, die Schutzheiligen der 1267 mit dem Stadtrecht versehenen Stadt, geehrt werden. Vom Höri-Dorf Moos aus bewegt sich dann eine buntgeschmückte Schiffsprozession Richtung Radolfzell.

Der Hegau mit Singen (r. u.: Hegaumuseum) und Engen (l. o.: Stadtmuseum) ist das südwestliche Tor zum Bodensee.

Vorhergehende Doppelseite: Bodenseeufer bei Radolfzell

Höri

Das Künstleridyll

»Jetzt hör i auf«, soll Gott dereinst gesagt haben, als er auch noch dieses Stückchen Erde geschaffen hatte. Daher, so will es die Legende, hat die Halbinsel Höri, die sich wie ein Horn in den Untersee schiebt und dabei den Zellersee links liegen läßt, ihren Namen. Bekannt ist der gut sechzig Quadratkilometer große Landstrich zwischen Radolfzell und dem schweizerischen Stein am Rhein wegen seiner hügeligen, fruchtbaren Landschaft, der idyllischen Höridörfer und wegen seiner Künstler, die sich hier in diesem Jahrhundert niedergelassen haben. Allen voran Hermann Hesse, der 1904 in diesen »Gottesgarten am See« kam, sich im kleinen Gaienhofen ansiedelte und so den »Poetenwinkel« am See mitbegründete. Vor ihm war schon der Schreiber des Kult-Buches »Der Papalagi«, Erich Scheurmann, auf die Höri gekommen. Hesse folgten Kollegen wie Ludwig Finckh, Hans Leip oder Klaus Nonnenmann, um nur einige wenige zu nennen. In den dreißiger Jahren fanden zahlreiche Maler hier in Grenznähe vor den Nazis Unterschlupf. Am bekanntesten ist Otto Dix, der sich in Hemmenhofen ansiedelte und dort bis zu seinem Tod 1969 lebte. Heute ist das Haus des expressionistischen Künstlers ebenso Anziehungspunkt für kulturhungrige Menschen wie Hermann Hesses Wohnhaus, das inzwischen das Höri-Museum beherbergt. Einer, der nicht nur von der faszinierenden Landschaft schwärmt, ist der Schwarzwälder Dichter Werner Dürrson, der in den siebziger und achtziger Jahren im Höridorf Kattenhorn gelebt hat. 1985 mit dem Bodensee-Literaturpreis ausgezeichnet, hatte Dürrson einige Jahre zuvor für Unruhe im sanften Fleck am Bodensee gesorgt. In seinem »Kattenhorner Schweigen« macht er sarkastisch und gewitzt seinem Unmut über den Umgang mit der Landschaft Luft. Nicht nur typisch für die Höri, sondern den ganzen Bodensee, beschäftigt sich Dürrson hier mit dem heißen Eisen der verbauten Ufer und greift die Privatisierung des Seeufers an: Luxusvillen, Zweitwohnungen und Verbotsschilder mit dem Aufdruck »Privat«. Bissig spricht Dürrson vom lediglich »gefängnistorbreiten Uferstück der Besitzlosen«.

Ein unrühmliches Kapitel in der Geschichte der Region ist die Deportation der sogenannten »Höri-Juden« während der Nazizeit. Seit dem 30jährigen Krieg siedelten in den Höri-Gemeinden Randegg, Bodman und Wangen Juden und lebten in relativer Eintracht mit den christlichen Bewohnern der Gegend. Gailingen gar war einst die größte jüdische Landgemeinde Deutschlands und hatte im späten 19. Jahrhundert einen jüdischen Bürgermeister, der von beiden Konfessionen geschätzt wurde. Die Pogrome 1938 im Deutschen Reich griffen auch auf die Höri über, und 1940 wurden die letzten verbliebenen 200 Gailinger Juden deportiert. Eindrückliche Schilderungen des Lebens der Juden in den Höridörfern lieferte der erst spät gewürdigte Schriftsteller Jacob Picard.

Schiefe Türen und leere Fässer, Hesse und Dix: Die Höri wuchert mit Gänseblümchen und Poetenträumen.

Höri-Bäuerin. Nein, Obst sei ausverkauft. Was wollet Se? (lacht) E ' Bild? Was, wollet Se mi fotografiere? – ein 1/125-Sekunden-Flirt mit der Scheu.

»Vom anderen Ufer herübergeflogen
Kommt Sensengeläut und sehnlicher Wiesenduft«,

dichtete Hermann Hesse im Herrgottswinkel des Bodensees.

Stein am Rhein

Lebendiges Mittelalter

»Isn't it cute«, »ist das nicht niedlich«, bemerkt die Dame mittleren Alters entzückt im unverkennbaren amerikanischen Slang. Der Gatte hat die Kamera schon im Anschlag und die buntbemalte Fassade des »Roten Ochsen« im Visier. Beim Anblick all dieser üppigen Verzierungen der Häuser in Stein am Rhein schlägt nicht nur das Herz des Touristen aus Übersee höher, wo bekanntlich alle Bauwerke, die älter als 50 Jahre sind, wegen »historischer Bedeutung« unter Denkmalschutz stehen.

Spaß beiseite. Wie das romantische Meersburg steht auch Stein am Rhein fest auf dem Programm in- und ausländischer Bodensee-Touristen. Zu Recht, denn das 3 000 Einwohner zählende Städtchen ist in der Tat »niedlich«. Enge Gassen, prächtige Stadttore, bunt bemalte Bürgerhäuser wirken wie aus einer anderen Zeit. Fast verspürt man einen Hauch von Disneyland, Abteilung Mittelalter. Der schon im 11. Jahrhundert als Stadt erwähnte Ort am Fuß der Burg Hohenklingen, dort, wo der Rhein den Untersee verläßt, ist eine der noch am besten erhaltenen mittelalterlichen Städte in Zentraleuropa. Geteilt durch den Hochrhein, schmiegt sich die Altstadt mit ihren pittoresken Häuschen und den spitzen Türmen an den Fluß. Linksrheinisch steht leicht erhöht die Kirche St. Johann. Vom Platz davor hat man einen bezaubernden Blick auf die gegenüberliegende Altstadt. Dort thront im Zentrum das Rathaus mit seinen Fachwerkobergeschossen und den wasserspeienden Drachen. Ringsum stehen spätgotische und frühbarocke Bürgerhäuser mit kleinen Erkerchen: das Haus zur Vorderen Krone, der Hirschen, die Steinerne Traube oder der schon oben erwähnte Ochsen. Dessen Fassade stammt aus dem frühen 17. Jahrhundert, als Andreas Schmucker die Wand mit Szenen aus dem Alten Testament und Figuren aus der römischen Mythologie bemalt hat. Boccaccios sinnenfroher »Decamerone« dagegen diente dem Künstler Thomas Schmid als eine seiner Vorlagen für die Bilder am Weißen Adler.

Einen Abstecher wert sind das kleine Phonographenmuseum mit seiner liebevoll zusammengestellten Sammlung und das Puppenmuseum. Ein Ausflug zur Burg Hohenklingen belohnt mit einem überwältigenden Blick auf die Stadt und die hügelige Landschaft dahinter. Stein am Rhein vorgelagert ist die kleine Insel Werd. In der Otmarskapelle soll der einstige Abt des Klosters St. Gallen, Otmar, in der Verbannung gestorben sein. Von Stein ist es auch nicht weit in die Kantonshauptstadt Schaffhausen, zum Rheinfall. Auf einer Breite von gut 150 Metern stürzt hier der Rhein 25 Meter in die Tiefe. Wie Stein hat übrigens auch Schaffhausen mit der Festungsanlage Munot und einer intakten mittelalterlichen Altstadt für das Auge einiges zu bieten.

RADIO
WENGER
swatch

Cafe zur Hoffnung
Café Konditorei
Coop
Heute!

Stein am Rhein. Keine schrägen Töne in der Idylle. Sammlerfreude (links: Phonographenmuseum) trifft auf tausendfach versammeltes Touristenglück: romantische Gassen, verschwiegene Winkel, Fachwerkstolz in der am besten erhaltenen mittelalterlichen Kleinstadt der Schweiz.

Am Schweizer Ufer des Untersees

Bei Louis Napoleon und Müller-Thurgau

Beim gemeinen Volk im Schweizer Kanton Thurgau, zumal beim weiblichen Teil der Bevölkerung, war er höchst beliebt: der Bonaparte-Sproß Louis Napoleon. Historikern ist er eher eine zwielichtige Figur, der Mann, der in den zwanziger und dreißiger Jahren des 19. Jahrhunderts mit seiner Mutter auf Schloß Arenenberg gelebt hat.
Ausgewiesen aus Frankreich, kaufte Hortense von Holland, die Stieftochter und Schwägerin von Napoleon I., im Jahre 1817 das im 16. Jahrhundert von einer Konstanzer Patrizierfamilie erbaute Herrschaftshaus, das über den Weinbergen von Salenstein thront. Später bezogen weitere Angehörige des Bonaparte-Clans umliegende Schlösser der Untersee-Region.
Prinz Louis, der als 17jähriger auf das Schlößchen kam, gelüstete es schon früh nach Macht. Wenn er nicht gerade den hübschen Thurgauerinnen nachstellte, versuchte sich der verhinderte Regent mit Revolutionen und Intrigen: ob in Italien (1830), in Polen (1831) oder in Frankreich. Bei einem Putschversuch in Straßburg im Jahr 1836 wurde der inzwischen mit dem Thurgauer Bürgerrecht versehene Louis erwischt und zwangsweise ins Exil nach Amerika geschickt. Ein Jahr später kam er nach Arenenberg zurück. Seine Mutter lag im Sterben. Wenig später verlangte die französische Regierung erstmals erfolglos die Auslieferung. 1838 gar kam es wegen Louis fast zur kriegerischen Auseinandersetzung. Schließlich verließ der Flüchtling freiwillig den Thurgau in Richtung England. Zehn Jahre später war er französischer Präsident, und 1852 machte er sich als Napoleon III. nach einem blutigen Staatsstreich zum Kaiser.
Seit 1906 gehört Schloß Arenenberg dem Kanton Thurgau. Einen Hauch Bonapartismus kann man sich nun im dortigen, liebevoll gepflegten und gehegten Napoleon-Museum genehmigen.
Nicht ohne Grund zog es einst die Bonaparte-Familie in die Gegend zwischen Stein am Rhein und Konstanz. Ist doch das schweizerische Uferstück ein schönes Plätzchen. Mammern mit seinem Schloß ist ein ebenso hübsches Fleckchen wie Berlingen. Das Dörfchen Tägerwilen ist mit einem vorzüglichen Wein untrennbar verbunden. Dort wirkte und lebte der Botaniker Hermann Müller, dessen selbstgezüchtete Rebsorte Karriere machte: als Müller-Thurgau.
Eine echte Sehenswürdigkeit ist auch die kleine Stadt Steckborn, dessen historischer Turmhof mit den vielen Türmchen und dem kupfernen Dach direkt am Wasser liegt. Der benachbarte Ort Ermatingen ist nicht nur wegen der traditionellen, nur alle drei Jahre gefeierten »Groppenfasnacht« bekannt. Wer sich für das Fischen am Bodensee interessiert, der sollte das Fischereimuseum an der Ermatinger Schiffslände besuchen. Hier erfährt er alles über Gerätschaften, Fangtechniken und Geschichte der Fischerei am See.
Die Groppenfasnacht geht auf eine Legende zurück, die zur Zeit des Konstanzer Konzils (1414-1418) spielt: Als einer der damaligen drei Päpste, Johannes XXIII., fluchtartig Konstanz verließ, kam er unerkannt nach Ermatingen. Die Bürger dort, allen voran der Pfarrer, nahmen den Flüchtenden freundlich auf und versorgten ihn mit Groppen. Das sind kleine Fische, die unter Steinen am Ufer leben und in der Ermatinger Tradition geräuchert werden, ohne daß sie vorher ausgenommen werden. Johannes XXIII., seinerzeit formell noch in Amt und Würden, verfügte angeblich, daß den freundlichen Ermatingern für alle Zeiten eine verlängerte Fasnacht gestattet sei.

Sonnenuntergang bei Stein am Rhein

Vorhergehende Doppelseite: Untersee-Panorama.
»Unsere Hügel sind harmlos. Der See ist ein Freund. Der Himmel glänzt vor Gunst … Unsere Wege führen überallhin.«
(Martin Walser, aus: Heimatlob)

»Seewärts fließt ein silbern Leuchten
zu fernen, dunklen Ufern fort.« *(Martin Heidegger)*
Blick vom Napoleonmuseum Schloß Arenenberg
auf Berlingen und Steckborn am Untersee.

Die Kühe waren erst neugierig, dann wurden sie zudringlich – erste Begegnung mit einem Touristen?
Fette Wiesen, fette Kühe, Raps und Streuobst: Thurgauer Idyll unter Schweizer Flagge überm Bodensee.

Zwischen Kreuzlingen und Altenrhein

Das Schweizer Seeufer

Nicht ganz so stark touristisch geprägt wie die gegenüberliegende deutsche Seite zwischen Überlingen und Lindau ist das Schweizer Seeufer am Obersee. Wobei das eidgenössische Ufer zwischen Kreuzlingen und Altenrhein, dort wo der alte Rhein in den See fließt, durchaus seine Reize hat. Was nicht nur die Touristen unserer Tage zu schätzen wissen, sondern auch schon einem Eduard Mörike hochwillkommen war, der auf seinen Bodenseereisen um 1840 regelmäßig ins kleine Fischer- und Bauerndorf Uttwil kam. Dieser Flecken, einige Kilometer westlich von Romanshorn gelegen, hatte es in späteren Jahrzehnten, ähnlich wie die Höridörfer, zahlreichen Künstlern angetan. Während des Ersten Weltkrieges wurde Uttwil der Treffpunkt deutscher Emigranten. Annette Kolb lebte dort ebenso wie der elsässische Dichter René Schickele, der Maler Ernst Schlatter oder der Leipziger Schriftsteller Carl Sternheim. Vor allem von Sternheim, der 1918 an den See kam, erzählt man sich allerlei Anekdoten. So war der Exzentriker bekannt dafür, bis in den frühen Morgen am Schreibtisch zu arbeiten. Sobald er fertig war und vor sich hin dämmerte, fing sein Nachbar, ein Zimmermann, frühmorgens an zu hobeln und zu sägen, dabei auch noch singend. Was Sternheim offensichtlich auf die Nerven ging. Wütend habe er dann sein Fenster aufgerissen und dem Mann unter Beschimpfungen einige Franken vor die Füße geworfen, mit der dringenden Bitte, er möge doch aufhören. Anscheinend habe sich der schlaue Nachbar so regelmäßig einige Franken dazuverdient.

Sehr beliebt bei den Künstlern war auch das kleine Dorf Gottlieben, am Seerhein vor Kreuzlingen und gegenüber dem Naturschutzgebiet Wollmatinger Ried gelegen. Gottlieben ist die kleinste Gemeinde der Schweiz und hat einen sehenswerten Dorfplatz. Zwei Gebäude, die Drachenburg mit ihren Erkern, auf denen Drachenwasserspeier thronen, und das Waaghaus bilden ein malerisches Ensemble in dem verschlafenen ehemaligen Fischerdorf.

Hier, am Seerhein Richtung Konstanz, läßt es sich durch den Wald wunderbar am Ufer entlangspazieren. Vorbei am Tägermoos, dem Gemüseanbaugebiet, kommt man auch zu beliebten Badestellen, so dem »Kuhhorn«, einem Geheimtip für Badende dies- und jenseits der Grenze. Denn Kreuzlingen, die nächste größere Ortschaft, ist Grenzstadt und fast verwachsen mit dem deutschen Konstanz. Die Landesgrenze verläuft eigentlich mitten durch die Stadt.

Kreuzlingen hat 17 500 Einwohner und teilt das Schicksal vieler kleinerer Städte, die neben größeren Agglomerationen liegen. Vor allem die Jugend orientiert sich kulturell stark nach Konstanz. Dort sind die Kneipen und Diskotheken zahlreich. Der starke Franken-Kurs macht Konstanz auch für Einkäufer aus Kreuzlingen attraktiv. Sehr zum Leidwesen der Schweizer Detaillisten, wie die Einzelhändler dort heißen. Und an den Kassen der Konstanzer Kinos wird, zumindest am Wochenende, eher schwyzerdütsch denn konschdanzerisch gesprochen. Umgekehrt ist aber auch Kreuzlingen eine Einkaufsstadt. Große Kaufhäuser locken deutsche Kunden.

Die Bautätigkeit der vergangenen Jahrzehnte hat das Stadtbild der Thurgauer Stadt Kreuzlingen nicht unbedingt attraktiver gemacht. Mit fast ungebremstem Eifer hat man ältere Häuser abgerissen und zwischen noch erhaltene Bürgerbauten neue Zweckbauten, meist quadratische Wohnblock-Ensembles, gestellt. Mitten in Kreuzlingen, zur Grenze nach Konstanz hin, lag einst das Bellevue, die Privatklinik der Familie Binswanger. 120 Jahre lang schrieb man dort fortschrittliche Psychiatriegeschich-

Da ging der Sommer, ging der Herbst dahin.
Möwen trugen ihn über den See …

Vorhergehende Doppelseite (62/63):
Der ganze See ein Hafen? Segelboote in Arbon.

te. Nach Schließung der Klinik verwilderte das riesige Gelände, zu dem eine einzigartige Parkanlage mit zahlreichen alten Bäumen gehörte. Ende der achtziger Jahre wollte die Stadt das Gelände infolge des hohen Preises nicht kaufen. Die neuen Besitzer ließen die Abrißbirne wirbeln, und die Hälfte der Gebäude verschwand. Sägen und Äxte ließen gleichzeitig einen der schönsten Parks weit und breit verschwinden.

Von seiner schönsten Seite zeigt sich Kreuzlingen am Hafen, wo die Stadt über eine riesige Parkanlage verfügt. Dort ist vor einigen Jahren ein Schiffahrtsmuseum eingerichtet worden. Lohnend ist ein Abstecher ins Hinterland von Kreuzlingen. Die sanft geschwungene hügelige Landschaft mit ihren Feldern und Obstplantagen zieht sich etliche Kilometer durch den Kanton Thurgau. Industriell weniger erschlossen, gehört der Bauernkanton mit seinen gerade mal 225 000 Einwohnern zu den strukturschwachen Kantonen der Schweiz. Scherzhaft nennt man den Thurgau wegen seiner vielen Obstplantagen auch »Mostindien«.

Den Obersee weiter entlang kommt man nach Romanshorn, wo der See seine breiteste Stelle hat. 16 Kilometer geht dort die Seelinie nach Friedrichshafen. Schon seit 150 Jahren verkehrt eine Fähre zwischen den beiden Städten, die heute auch gerne von Autos benutzt wird. Bei der »Seegfrörne« 1963 – daß der Bodensee zufriert, ist eine Seltenheit – konnte man freilich den Weg auch einen halben Winter lang zu Fuß zurücklegen.

Mit einer intakten Altstadt wartet Arbon auf, eine alte römische Gründung, der man im 3. Jahrhundert den Namen »arbor felix« (glücklicher Baum) gegeben hat. Weiter ostwärts am See entlang wird der Kanton St. Gallen erreicht. Die Geschichte der Stadt Rorschach, bereits im 7. Jahrhundert von den Alemannen gegründet, ist eng mit dem Kloster St. Gallen verbunden; war die Stadt doch eines der klösterlichen Handelszentren. Und die »Pfahlbauten« einmal anders: Hier kann man, auf Stelzen, eine der schönsten alten Badeanstalten im Bodensee sehen.

Das kleine Fischerdorf Altenrhein, östlich von Rorschach, liegt direkt auf der Mündung des Alten Rheins in den Bodensee. Hier, am Fuße der Rorschacher Berge, zeigt sich der Fluß besonders malerisch. Die Hauptmenge des Rheinwassers fließt allerdings einige Kilometer östlich von Altenrhein auf österreichischem Gebiet durch den um die Jahrhundertwende angelegten Kanal in die Fußacher Bucht. Das Stück zwischen Altenrhein und Rheinkanal bildet das Rheindelta. Dort liegt, in der Nähe des kleinen Ortes Fußach, in der Rheinau ein Naturschutzgebiet um den Rohrspitz, der als Halbinsel in den Bodensee hineinragt: Ried- und Schilfgelände, 300 Vogelarten.

Meteorologisch interessant ist die Bucht zwischen Rohrspitz und dem westlich gelegenen Rheinspitz bei Altenrhein. Man nennt dieses Gebiet wegen seiner unberechenbar hereinbrechenden Föhnwinde den »Wetterwinkel«.

Wie viele haben ihr Boot schon stillgelegt, unter Blumen begraben? Berufsfischer am Altrhein bei Altenrhein.

Bregenz, Martinsturm: Die dickste Zwiebel am Bodensee (und ganz Europas!) sitzt auf einem Turm über der Landeshauptstadt von Vorarlberg.

BREGENZ

Kulturmetropole im »Ländle« Vorarlberg

»Lacus Brigantinus« hieß der Bodensee zur Römerzeit. Kein Wunder, war doch das heutige Bregenz unter seinem Namen »Brigantium« schon 50 nach Christus, am Schnittpunkt römischer Heer- und Handelswege gelegen, die wichtigste Stadt am See. Den Römern folgten die Alamannen, die irischen Mönche, das Geschlecht der Grafen von Montfort, die im 16. Jahrhundert Bregenz an die Habsburger verkauften. Zu neuer Blüte kam die Stadt erst wieder im 18. Jahrhundert, als sie im Widerstreit mit Feldkirch immer mehr an Bedeutung gewann. Wie Lindau wurde auch Bregenz früh, im 19. Jahrhundert, ein beliebtes Fremdenverkehrsziel. Massentourismus gab es damals, um 1820, noch nicht. Statt dessen tummelte sich der europäische Adel auf dem Weg zum Gebhardsberg mit seinem Ausblick auf den See; man lustwandelte auf der Seepromenade oder besuchte die Kaffeehäuser. 1850 etwa trafen sich unter großem Getöse die Monarchen von Österreich, Bayern und Württemberg zum mehrtägigen Plausch. Wobei damals, so zeitgenössische Berichte, eine aufwendige Stadt- und Bergbeleuchtung Bevölkerung und Schaulustige aus der Umgebung faszinierte.

Heute ist die Hauptstadt des österreichischen Bundeslandes Vorarlberg mit ihren 30 000 Einwohnern das Verwaltungszentrum und die Kulturmetropole der Region östlich des Bodensees; Bregenz als Fixpunkt des »Ländle«, des wirtschaftlich stärksten Bundeslandes von Österreich mit seiner Textilindustrie und Energieerzeugung. Wie die deutschen und schweizerischen Bodenseebewohner sind übrigens auch die Vorarlberger alemannischer Abstammung, was sich unter anderem am Dialekt ablesen läßt. Wenn man in Dornbirn von »Grumpira« spricht, dann klingt das wie das schwäbische »Grombiera«, während das »Herdöpfel« in Hohenems dem Schweizer Ausdruck für Kartoffeln ähnelt. International bekannt ist Bregenz vor allem dank seiner Festspiele. Vier Wochen lang lockt jedes Jahr im Juli und August ein außergewöhnliches Freiluftspektakel die Besucher in die Stadt am See. Auf einer im See verankerten Bühnenplattform wird stimmungsvolles Open-air-Operntheater geboten, während man selbst am Ufer auf der Tribüne sitzt.

Kirchen und Klöster prägen das Stadtbild des katholischen Bregenz genauso wie seine Mixtur aus alter und moderner Architektur, wobei man auch hier in den sechziger Jahren vor betonierten Missetaten nicht zurückgeschreckt ist. An exponierter Stelle findet sich der Martinsturm, das Wahrzeichen der Stadt, mit seiner großen Turmzwiebel. Etwas außerhalb der Stadtmitte liegt das mehrfach umgebaute Zisterzienserkloster Mehrerau. Nach Westen offen zum Wasser, nach Osten eingeschlossen von Bergketten, hat man den schönsten Panoramablick vom Pfänder, der mit 1064 Metern höchsten Erhebung am Bodensee. Von diesem Bregenzer Hausberg, den man mit einer Seilbahn innerhalb weniger Minuten »besteigen« kann, bietet sich ein hinreißender Blick aufs Alpenpanorama und den tief unten liegenden See. Robustere Naturen bevorzugen einen der Fußwanderwege hinauf zum Pfänder.

Der Bodensee ist auch Badesee. Zumindest seit den frühen achtziger Jahren wieder, nach dem Großreinemachen des bis dahin stark verschmutzten Gewässers. Bregenz hat nicht nur als einzige Stadt am See ein frei zugängliches, 10 Kilometer langes Uferstück, sondern auch einige schöne Badestellen. Etwa das historische »Mili«, das frühere Kasernenbad am Tannenbach, das vor einigen Jahren renoviert worden ist.

Ora et labora: Auch heute noch beten und arbeiten Zisterzienser im Kloster Mehrerau.

Vorhergehende Doppelseite: Verträumt, verschlafen die Oberstadt, geschäftig die Unterstadt: Bregenz ist die älteste Stadt am Bodensee.

Der Himmel bläht die Backen, und der See zeigt die Zähne: Segel über Segel vor dem Alpenpanorama.

Kindertage, Kieselmund, Muschelohr: Badehaus, Strand und Hafen bei Bregenz.

Lindau

Die Stadt im See

»Glückseliges Lindau« ist Heinrich Heine einst eingefallen, als er 1801 das erste Mal die Insel im See erblickte. Weniger glückselig, wenn man im November unverhofft, von Wasserburg kommend, in heftiges Schneetreiben gerät. Dicke Flocken flattern auf die Windschutzscheibe, und das Inselchen, das der Kosmograph Sebastian Münster einst zum »Schwäbischen Venedig« erklärt hat, präsentiert sich ganz und gar nicht venezianisch. Schon eher alpin. Doch halt, das ist die Ausnahme. Meist zeigt sich die »linde Au« von ihrer Sonnenseite. Als malerisches Städtchen, dem Horst Wolfram Geißler schon 1921 seine fiktive literarische Figur, den »lieben Augustin«, auf den Leib geschrieben hat. Eduard Mörike, August Strindberg oder Wilhelm Raabe sind weitere literarische Zeugen der Verträumtheit dieser kleinen Insel.
Wenn man sein Gefährt am Parkplatz an der modernen Inselhalle auf der Hinteren Insel geparkt hat und sich links durch das Stadttor wendet, schlägt einem das mittelalterliche Idyll geballt entgegen. Malerische Gassen, markante Bürgerhäuser wie das Haus zum Cavazzen, das heute das Stadtmuseum beherbergt, oder das Alte Rathaus mit seiner farbenprächtigen Fassade, den Butzenscheiben und der Sonnenuhr. Die Kirche St. Peter mit den einzigen erhaltenen Fresken Hans Holbeins des Älteren, der Pulverturm oder der Diebsturm, das einstige Stadtgefängnis, verstärken den mittelalterlichen Eindruck.
Am Hafen wird es moderner. Dort steht man vor einer Promenade, die zum Flanieren einlädt. Hier herrscht vor allem im Sommer ein buntes Treiben, und die Enkel Bob Dylans üben sich auf ihren Gitarren als Straßenmusikanten. Zum See hin fällt der Blick auf die prächtige Hafeneinfahrt zwischen neuem Leuchtturm und steinernem Löwen, den beiden Lindauer Wahrzeichen, die 1856 zum Glanze Bavarias errichtet wurden – Lindau war 1805 ans Königreich Bayern gefallen. Wenn man Glück hat, sieht man vom Hafen und von der Gerberschanze aus die hohen Berge am Horizont liegen, blickt auf den österreichischen Pfänder und auf ein überwältigendes Alpenpanorama. Die Promenade mit ihren zahlreichen Cafés und Restaurants lädt zum Flanieren oder zur Einkehr. Zum Beispiel ins »Goldene Lamm« am Paradiesplatz, eine der ältesten Gaststuben Süddeutschlands.
Überraschend spät ist die Insel im See besiedelt worden. Lange galt sie als zu sumpfig und wurde auch im Laufe der Zeit immer weiter aufgeschüttet. Im 12. Jahrhundert freilich war die Inselstadt schon eine der reichsten Städte Schwabens, denn man betrieb eifrig Handel mit den oberitalienischen Städten. Und früh, mit der Eisenbahn 1853, begann bereits der Massentourismus, von dem die Stadt heute noch ganz gut lebt.

BAYERISCHER HOF

Landeplätze
für Motor-u. Segelboote

Lindau. Bürger bauen Türme über Dächer, über Giebel, über Häupter. Damit sie ruhig schlafen.

Vorhergehende Doppelseite: 1856 zum repräsentativen Schaufenster des Königreichs Bayern ausgebaut: der Lindauer Hafen.

Bayerisches Tor zum Schwäbischen Meer: Die Hafeneinfahrt von Lindau wird links bewacht vom bayerischen Löwen.

Feierabend – Am See.

Langenargen und Wasserburg

Das Sonnenufer

»Sonnenstube« – oder etwas weniger puppenhaft, gleichwohl freundlich, nämlich »Sonnenufer« – nennt man die deutsche Seeseite zwischen Meersburg und Lindau. Rund um Meersburg stehen die prächtigsten Reben mit Sonnenblick gen Süden, und weiter östlich finden wir entzückende kleine Städtchen wie Wasserburg oder Langenargen. Beide Ortschaften liegen in lauschigen Buchten am See.
Der beliebte Erholungsort Langenargen ist umgeben von Obstgärten. Im Ortszentrum, direkt am Wasser, fällt der Blick auf ein Gebäude, das eigentlich nicht so richtig an den Bodensee passen will. Die untypische Architektur von Schloß Montfort ist aber andererseits fast schon typisch für das mediterrane Flair des Gewässers. Fünf Jahre lang baute man an dem 1866 vollendeten Schloß, dessen maurischer – einige Kunstkritiker sprechen von »pseudomaurisch« – Stil eher ans Mittelmeer erinnert denn an das »Schwäbische Meer«. Sei's drum, längst ist das inzwischen als Kultur- und Kongreßzentrum sowie als Diskothek genutzte Gebäude mit seinen zweifarbigen Steinquadern und dem zierlichen Turm zum Wahrzeichen von Langenargen geworden.
Einst stand an dieser Stelle die Burg Argen, jahrhundertelang Sitz der Grafen von Montfort, die den östlichen Bodenseeraum beherrschten. Daß diese Burg auch ihre Reize hatte, beschrieb unter anderem schon Meersburgs Dichterfürstin Annette von Droste-Hülshoff. In einem Brief an Levin Schücking schrieb sie 1842 von der »herrlichen Ruine Montfort«, der schönsten, die sie je gesehen habe, »mit drei Toren, zackichten Zinnen und einer dreifachen Reihe durch ihre Höhe und Tiefe ordentlich imponierender Fensternischen, in denen die herrlichste Stukkaturarbeit dem Winde und Regen noch zum Teil widerstanden hat«. Zwanzig Jahre später brach man die Ruine ab. So ändern sich halt die Zeiten ...

Bekannt ist Langenargen schließlich auch noch, weil sich dort das Staatliche Institut für Seenforschung und Seenbewirtschaftung befindet.
Richtung Kressbronn, hinter Gohren, gelangt man zu einer architektonischen Besonderheit der Gegend. Die Ende des vergangenen Jahrhunderts erbaute Hängebrücke über den Fluß Argen ist die älteste erhaltene Hängebrükke in Deutschland. Die Brücke diente übrigens als Vorbild für die Golden Gate Bridge in San Francisco.
Weiter in westlicher Richtung liegt inmitten riesiger Obstplantagen Kressbronn. Im Frühling, wenn Kirsch- und Apfelbäume blühen, bietet sich dort ein überwältigender Anblick. Im Herbst verkünden Schilder an Häusern und Höfen (»Schnäpsle, Äpfel, schwäbischer Most«), daß man dort die lokalen Spezialitäten direkt vom Erzeuger bekommt.
Richtung Osten verlassen wir das Bundesland Baden-Württemberg. Ab Nonnenhorn, der nächsten größeren Ortschaft, beginnt das bayerische Seeufer. Nonnenhorn mit seinen Obstgärten ist ein ebenso vielbesuchter Ort wie das nur wenige Kilometer entfernt liegende Wasserburg. Bis ins frühe 18. Jahrhundert lag der Ort auf einer Insel. Danach wurde der Wassergraben zugeschüttet, und der Flecken ist nun eine Halbinsel. Wasserburg ist ein städtebaulich reizvoller kleiner Ort, der zu Spaziergängen am Ufer einlädt. An der Spitze der Halbinsel hat man eine ausgezeichnete Seesicht, im Hintergrund heben sich bei klarem Wetter die schneebedeckten Alpen ab.
Auf der Halbinsel erhebt sich zentral das im 14. Jahrhundert erbaute Schloß. Einst im Besitz der Grafen von Montfort, ging es später an die Augsburger Fugger. Daneben liegt die barocke Pfarrkirche St. Georg, eine Station der Oberschwäbischen Barockstraße.

Im Malerwinkel liegt Wasserburg. Weil die Fugger 1720 kein Geld für eine neue Zugbrücke zur Burg hatten, füllten sie flugs den Seegraben auf und machten Wasserburg zur Halbinsel.

Vorhergehende Doppelseite: Abendsonne über der »Sonnenstube« bei Langenargen.

Ausflug ins Oberschwäbische

Von Blutreitern und einem »Hexenhäusle«

Nördlich des Bodensees lädt das oberschwäbische Hinterland zu einem Abstecher ein. Von Kressbronn aus nach Norden kommt man in die Hopfenregion rund um Tettnang. Die schnellwachsenden Hopfenpflanzen klettern dort im Sommer an den Steigdrähten bis zu acht Meter hoch. Mitte des vorigen Jahrhunderts löste der Hopfen die unrentabel gewordenen Weinreben ab. Der Tettnanger Hopfen ist weithin bekannt und wegen seiner kräftigen Bitterstoffe bei Bierbrauern hoch geschätzt. Fast drei Viertel der Ernte werden jedes Jahr exportiert.

Wer das Flair vergangener Zeiten sucht, wird sich in Ravensburgs Altstadt wohlfühlen. Die Stadt der Tore und Türme wartet mit zahlreichen historischen Bauten auf, mit einem spätgotischen Rathaus, dem Blaserturm, dem Lederhaus oder dem Seelhaus. Bekannt ist Ravensburg auch für das sommerliche Rutenfest. Fünf Tage lang feiern die Ravensburger dieses Volksfest, das an eine glücklich überstandene Pestepidemie im Mittelalter erinnern soll. Höhepunkt ist der historische Umzug am »Rutenmontag«. Beim traditionellen Adlerschießen machen die Gymnasiasten ihren Schützenkönig unter sich aus: Mit einer Armbrust wird auf einen Holzadler geschossen.

Andere Bräuche der Region mögen in ihrer Mischung aus Katholizismus und heidnischen Elementen für Außenstehende etwas bizarr anmuten. Zum Beispiel der »Blutritt« in Weingarten, der kleineren Nachbarstadt von Ravensburg. Jedes Jahr am Freitag nach Christi Himmelfahrt gibt es dort die größte Reiterprozession Süddeutschlands zu sehen. Mehrere tausend Reiter sitzen mit Frack und Zylinder auf ihren Rössern und reiten fahnengeschmückt durch die Gegend. In ihrer Mitte, im weiten roten Mantel, der »Blutreiter«, der Land und Leute segnet und in seiner Hand die Reliquie hält: ein kleines Kissen, in dem sich, so will es die Legende, ein Blutstropfen Christi befindet. Etwas von dem Blut, das vom römischen Söldner Longinus, der den am Kreuz hängenden Jesus mit der Lanze durchbohrt hatte, in einem Becher aufgefangen worden war.

Eine eher skurrile Touristenattraktion finden wir, wenn wir wieder nach Tettnang zurückfahren und von dort in Richtung Wangen abzweigen. Im kleinen Ort Hinteressach steht das »Hexenhäusle« des Münchner Künstlers Melchior Seitz, der hier seiner Phantasie freien Lauf gelassen hat. »Präkolumbianisch« nennt Seitz dieses von der offiziellen Kunstkritik eher geschmähte, vom unbelasteten Betrachter meist geliebte, eklektizistische Werk mit seinen lateinamerikanischen und afrikanischen Stilelementen. Zurück vom kurzen Ausflug ins Oberschwäbische, geht es wieder an den See, nach Friedrichshafen, dem Wirtschaftszentrum der Region. Im aufblühenden Industriestandort erhob sich am 2. Juli 1900 der erste Zeppelin in die Lüfte. Der gebürtige Konstanzer Graf Ferdinand von Zeppelin hatte hier seinen Luftfahrttraum verwirklicht. Das Glück von Zeppelins Heimatstadt Konstanz, die unversehrt blieb, hat Friedrichshafen im Zweiten Weltkrieg allerdings nicht gehabt. Weil die Stadt um den Zeppelin-Konzern eines der Rüstungszentren war, wurde sie in den Kriegsjahren 1943 und 1944 durch schwere Bombenangriffe fast völlig zerstört. Teilweise hat man die Stadt originalgetreu rekonstruiert, ansonsten hat Friedrichshafen eher den Charakter einer modernen Industrie- und Einkaufsstadt. Wir besteigen im Hafen eines der Schiffe der »Weißen Flotte«, eines der Ausflugsschiffe der schweizerischen, österreichischen und deutschen Bahnen, die die Bodenseestädte miteinander verbinden, und bald darauf schließt sich der Kreis: In Meersburg ist der Ausgangspunkt unserer Bodensee-Rundreise wieder erreicht.

Oberschwaben. Aberglauben? Ein Bilderbogen vom Blutritt (Weingarten) zum Rutenfest (Ravensburg) und Hexenhäusle (Neukirch) unters Allgäublauweiß (bei Kißlegg).

Der »Blutritt« in Weingarten, an dem jedes Jahr mehrere tausend Reiter teilnehmen, ist die bedeutendste Reiterprozession Süddeutschlands.

Folgende Doppelseite:
Friedrichshafen – ein schöner Garten ordnet das Ufer und lenkt den Blick behutsam in die Weite des Sees.

»Und schwellende Wellchen spielen
und goldene Dampfer kielen
leise den lichten Lauf:

Und hinter den Uferzielen
tauchen die vielen, vielen
Silberberge auf.«

(Rainer Maria Rilke: Bodensee)

Der See flirtet mit den Alpen, der Stuhl mit dem Sonnendeck, die Sonne mit der Brille, was bleibt uns anderes übrig, als …?

See-Quartett: viel würdiges Gemäuer (Meersburg), immer weniger Fischer, seltene Einsamkeit der Wellen am Ufer (bei Bregenz), Seeromantik (bei Radolfzell).
»Es ist immer etwas schön. Das muß man sagen. Weil es verschwindet.« *(Martin Walser, aus: Heimatlob)*

Folgende Doppelseite: See-Gucker – auf dem Ausflugsschiff in der ersten Reihe versunken ins Alpenpanorama.

Karte: Sebastian Schrank, München
Herstellung: W. Felber, Ottobrunn
Satz: Buch-Werkstatt GmbH, Bad Aibling
Lithographie: Repro Ludwig, Zell am See
Druck und Bindung: EGEDSA, Sabadell

Das Umschlagbild zeigt Schloß Montfort, Langenargen.

ISBN 3-475-52837-1